POL MERCIER.

BIRIBI

Pantomime.

PARIS.

TYPOGRAPHIE DE JULES-JUTEAU, RUE SAINT-DENIS, 341.

1855.

Ouvrages du même auteur :

UN NUAGE AU CIEL (Gymnase-Dramatique);

CHRISTIAN ET MARGUERITE (Comédie-Française);

MÉRIDIEN (Théâtre du Vaudeville);

LE ROMAN DU VILLAGE (Théâtre Impérial de l'Odéon).

BIRIBI

PANTOMIME DE **M. POL. MERCIER.**

(*Musique nouvelle de M. HERVÉ*)

Représentée, pour la première fois, à Paris, sur le théâtre des

FOLIES-NOUVELLES.

le 28 Janvier 1855.

PARIS

TYPOGRAPHIE DE JULES-JUTEAU, RUE SAINT-DENIS, 341.

1855.

LES FOLIES-NOUVELLES

Il est, près de l'Orient de fantaisie, où le Jardin-Turc découpe ses arcs évidés en cœur et suspend ses œufs d'autruche, un charmant petit théâtre qui jouit, en ce moment, d'une vogue extraordinaire. L'on y va, en partie fine, pour rire, causer et manger du sucre d'orge vert, tout en regardant Arlequin gambader autour de Colombine, et Pierrot secouer ses longues manches comme un pingouin agite ses ailes.

Devant de jolis décors frais, hardiment lavés comme des aquarelles de Williams Wyld ou de Cattermole, par la brosse légère de Cambon et de Thierry, se déroule cette éternelle comédie, toujours la même et toujours jeune comme la vie ; des ombres qui passent et gesticulent dans un panorama changeant ! Pierrot prête son masque blanc et sa grimace pâle à toutes les situations possibles, se saupoudrant le front de farine pour rester un être chimérique, au lieu de devenir une plate copie de la réalité : c'est là l'avantage de ces types charmants, fantasques par l'aspect, vrais par le fond.

A quoi bon raconter cette pièce dont on change quelquefois le titre, mais qui, heureusement, ne change jamais; tout le monde la sait et tout le monde veut la revoir.

Saute, Arlequin, fais miroiter tes losanges et tes paillettes;

Plisse ta bouche en cœur, Colombine, comme une petite rose-pompon;

Accoude-toi mélancoliquement, ami Pierrot, à cette lucarne qu'argente la lune, et sous laquelle les poètes viennent se planter comme des guitaristes espagnols, te demandant ta plume pour écrire un mot, les pauvres diables, à sec d'imagination, sachant bien que cette plume est un talisman;

Tombe sur le nez, Cassandre, au milieu des nuages de poudre de ta perruque;

Fais la roue, imbécile Léandre, dans ton jabot et ton habit zinzolin, paon ou plutôt coq-d'Inde de la vanité.

Si nous ajoutons que *Paul Legrand*, ce Bouffé enfariné, est le Pierrot de la chose, on concevra que les équipages fassent queue à la porte de cet adorable bouig-bouig où les stalles d'orchestre sont des fauteuils de velours moelleusement rembourrés, où les avant-scènes se barricadent derrière le mystère des grilles dorées et des écrans de soie, où le plafond laisse pleuvoir des volubilis à travers son treillis, comme la tonnelle d'un jardin de Cythère planté par Watteau.

Et puis, autre agrément, on peut, sans ameûter contre soi la salle indignée, parler et rire à haute voix, poursuivre un paradoxe amusant ou une conversation tendre pendant que les coups de pieds se débitent, que les bastonnades tombent en cadence et que les giffles retentissent.

Nous insistons sur ce point, car le théâtre tel qu'on le comprend, est plutôt une fatigue qu'un divertissement. Nous trouvons, pour notre part, une représentation aussi ennuyeuse à suivre qu'un cours de mathématiques. Il faut rester là, muet, immobile, écoutant avec religion des billevesées cinq ou six heures de suite. Il serait difficile d'inventer un supplice plus cruel que ce plaisir. En Italie, les loges sont autant de salons où l'on fait et reçoit des visites, où l'on joue, où l'on soupe, mettant quelquefois le nez à la fenêtre pour voir ce qui se chante ou se danse là-bas au fond; l'air fini, le pas exécuté, le bourdonnement général recommence. — *Les Folies-Nouvelles* représentent parfaitement un petit théâtre de Naples ou de Venise, —et là, est le secret de leur fortune.

THÉOPHILE GAUTIER.

PERSONNAGES ET ACTEURS.

Pierrot,	MM. Paul Legrand.
Biribi,	Charltonn.
Cassandre,	Delaquis.
Arlequin,	Cossard.
Léandre,	Laurent.
Un domestique	Émile.
Colombine,	Mlle Berthe.

BIRIBI.

Après une joliette ouverture du compositeur Hervé, — ce « *de Pradel* » de la musique, — le rideau se lève sur un petit salon.

L'ameublement est bourgeois, mais d'assez bonne apparence : des housses de percale lustrée, à palmettes cramoisies, recouvrent les chaises et les fauteuils.

On pénètre dans l'appartement par une porte située au fond.

Une glace trumeau surmonte la cheminée qui se trouve à la gauche du public. — En face, à droite, une fenêtre donne sur la rue.

Deux longs rideaux, ajustés à cette croisée, glissent facilement sur leurs tringles : l'étoffe de ces rideaux est en harmonie avec celle des housses du meuble de salon.

Une fois orienté, le spectateur jette les yeux sur deux personnages qui se trouvent en scène, au lever de la toile; ces deux personnages sont Cassandre et Colombine.

Cassandre est assis sur un fauteuil, au premier plan, à gauche. Le bonhomme, qui est assoupi, tient sur les genoux un petit épagneul; un bel angora blanc, ramassé sur lui-même comme un tertre de neige, semble faire la sieste, et servir de chancelière aux pieds de son maître.

Ce n'est pas tout: une perruche folâtre, jacasse et grignote un échaudé sur un perchoir.

Cette quasi-ménagerie est la société habituelle du vieux Cassandre. S'il osait, il ferait de sa maison une succursale du jardin des plantes : les bêtes sont ses idoles!..

Au milieu du théâtre, Colombine, la pupille de Cassandre, est en extase devant une petite cage coquette et enrubanée. Sous les ogives de son treillage en fil de laiton, voltigent capricieusement quelques chardonnerets et un serin agile. Ce n'est pas précisement le serin que Colombine préfère, c'est celui qui le lui a donné : elle le tient d'Arlequin, la futée; d'Arlequin, le discret amoureux, qui rôde comme un sylphe, la nuit, le jour, sous les persiennes vertes de son balcon fermé.

Comment Arlequin n'aimerait-il pas Colombine? Elle est faite au tour comme la Vénus de Milo. Quand elle sourit, la mignonne et fine petite bouche! On dirait deux feuilles de rose qui s'enroulent et frémissent sur une rangée de perles blanches comme pour en laisser sortir la fraiche haleine du printemps. Je ne dis rien de ses yeux, ce sont de langoureux fripons qui sont bleus uniquement parce que sa chevelure est d'un noir de jais.

On a inventé pour la perdition de notre âme, ces belles jeunes filles qui semblent avoir dérobé aux palettes de Raphaël toutes les perfections de la Fornarina.

Colombine, agenouillée devant sa petite cage, déposée sur un guéridon, se plait à soigner l'oiseau chéri. Son tuteur dort; elle est seule avec ses pensées, son rêve et son espoir. Vive, alerte et tout heureuse, elle prend un tabouret, et va fixer sa gentille volière à l'un des panneaux de la tapisserie du fond.

Arlequin entr'ouvre vivement la porte. Il ne voit que Cassandre assis sur le fauteuil, et disparait aussitôt.

Mais l'oreille au guet, l'œil au trou de la serrure, l'amant épie, écoute, observe; peu à peu il s'aguerrit; sans voir Colombine, il entre à pas de loup. Cassandre dort! — Mais ELLE! où est-elle?.. Ah! s'il pouvait seulement la voir, lui parler un instant, une minute, une seule!..

En pirouettant rapidement sur lui-même, Arlequin aperçoit Colombine montée sur le tabouret. Elle a le dos tourné au public; ses bras s'élèvent vers la cage qu'elle approvisionne de millet et de grain.

Arlequin est ravi. Il contemple Colombine avec bonheur.

Quel pied fluet et cambré!

Une jambe divine!

Il se risque même à baisser un peu la tête pour admirer jusqu'au mollet arrondi.

Hé bien, monsieur! dit Colombine en se détournant aussitôt. Qu'est-ce que vous faites là?.. Mais c'est très vilain de venir surprendre les gens comme ça, quand ils ne vous attendent pas, — et surtout dans cette posture!..

Pardonnez-moi, répond Arlequin, j'étais à vos pieds où je voudrais rester toute ma vie.

Prenez garde, réplique Colombine, en descendant un peu la scène, si mon tuteur allait se réveiller!..

Arlequin confiant, audacieux, passe et repasse la main sous le nez du barbon pour bien s'assurer qu'il dort.

Je vous en prie, fait Colombine, fuyez! car je tremble qu'on ne vienne... Allons, soyez bien obéissant, éloignez-vous... allez-vous en!

Hé bien, oui! mais un gage d'amour?. une fleur... un nœud de ruban... rien qu'un doux baiser!..

Je n'embrasserai que mon mari!..

En attendant que je le devienne, je ne vous demande qu'un petit à-compte. — Eh! mon dieu! c'est sitôt fait! ça vous coûtera si peu, et ça me fera tant de bien!..

Non... c'est inutile! partez!..

Mais Arlequin a déjà adroitement passé le bras autour de la taille souple de la jeune fille, et ses lèvres s'appuient en frissonnant sur l'épaule satinée de Colombine.

Il y savoure un baiser, quand paraît Pierrot au fond qui pousse une exclamation de surprise.

Arlequin lui décoche, en s'esquivant, un coup de batte. Cri de Pierrot qui secoue, sans ménagement, Cassandre par les épaules et le réveille en sursaut.

Qu'est-ce ? qu'il y a-t-il ? .

Pierrot fait connaître à son maître qu'Arlequin rôdait encore dans les alentours de mademoiselle.

Colombine nie.

Pierrot affirme.

Cassandre s'irrite. Il rappelle, une fois pour toutes, à sa pupille qu'elle épousera Léandre.

Moue de Colombine.

Oui, Léandre, et pas d'autres ! Je l'attends même d'un jour à l'autre. Il arrive du Brésil où il a été recueillir une succession importante.

Arlequin est un sot : il est sans le sol.

Léandre fera un mari très spirituel : il est fort riche.

Et puis juge donc ! Tu auras des diamans, des cachemires, un carrosse. .

Et le cœur vide ! ajoute Colombine, en hochant la tête.

Ta ! Ta ! Ta ! réplique Cassandre, on finit toujours par aimer son mari quand il y a chez lui, bon feu, bonne table et bon lit.

Je vous dis que je ne l'aimerai jamais.

Mais tu ne le connais seulement pas?

C'est assez me contraindre.

Chanson !.. Et pour te prouver que tu as mauvais goût, je vais te montrer son portrait qu'il ma envoyé le mois dernier.

Cassandre appelle Pierrot qui a été s'asseoir, depuis un instant, dans un fauteuil sur la gauche. Il le trouve occupé à chercher des petites bêtes noires dans la fourrure de l'épagneul.

En effet : Pierrot les poursuit, opiniâtrement, de la tête à la queue du chien qu'il a campé sur ses genoux. Il les offre même galamment à la perruche. Tout-à-coup Pierrot lève le bras et il se trouve qu'il place une de ses trouvailles sous le nez même de Cassandre qui arrivait la bouche ouverte.

Mauvaise humeur du bonhomme qui ordonne à Pierrot

d'aller prendre sur la commode un tableau retourné qu'on voit au fond.

Pierrot montre avec complaisance ce portrait à Colombine.

Elle dit que le Monsieur qu'il représente lui paraît laid, ridicule et prétentieux.

Le fait est qu'il est affreux!..

C'est possible, fait Cassandre, tous les hommes ne sont pas des Apollons. Vous l'épouserez comme ça!..

Pierrot, en se détournant avec le tableau, applique involontairement le châssis sur la bedaine de Cassandre qui pousse un : *oh*! significatif.

Sans se déconcerter, Pierrot va suspendre la peinture à l'un des panneaux de la tapisserie.

Aussitôt un grand bruit se fait entendre au dehors.

Joyeux pressentiment de Cassandre.

Pierrot a vite gagné le fond.

Il revient, très empressé, annoncer à son maître qu'un grand Monsieur descend de carrosse et qu'il est suivi d'une prodigieuse quantité de malles, cartons, valises, porte-manteaux, etc.

C'est lui! c'est Léandre! s'écrie Cassandre dans toute l'effusion de sa joie.

Où est-il? où est-il? que je le voie! que je l'embrasse!..

Arrive Léandre avec précipitation, sur une musique bruyante.

Il va se jeter au cou de Cassandre qui lui tend les bras. Par une manœuvre malencontreuse, Pierrot se trouve serré entre eux deux.

L'accolade se renouvelle, mais l'effusion de Léandre est encore contrariée par la gaucherie de Pierrot.

Pendant que Cassandre prodigue ses amitiés au nouveau venu, Pierrot, aidé du valet de Léandre, introduit sur le théâtre une foule de bagages qu'il montre successivement au public :

1° Un tout petit coffre qui porte cette étiquette : *habits de noces*;

2° Un grand coffre sur lequel est écrit: *chemises*:

3° Un coffre très menu, et long de deux mètres, sur lequel on lit : *cravates;*

4° Un coffre immense avec cette inscription; *faux-cols.*

Pierrot, qui est toujours fort maladroit, trouve le moyen de produire un effet comique avec chacun de ces colis.

Tantôt les bascules du long coffre : *cravates*, font tomber sur le parquet le domestique de Léandre. Tantôt ils heurtent Cassandre et le curieux prétendu.

Une caisse, qui contient les beaux habits de Léandre, chavire même sur le pied de celui-ci.

Colombine, qui s'est retirée sur le second plan, pendant cette bagarre, sourit silencieusement, et se donne une contenance en feignant de s'occuper de sa cage d'oiseaux.

Il faut voir comme Pierrot, au grand mécontentement de Léandre, ramasse et fait rentrer sans ordre, à coups de pieds et à coups de poings, dans l'un des coffres qui s'est ouvert, les habits brodés du futur.

Léandre se récrie, Pierrot piétine dessus, et parvient ainsi à fermer la caisse.

Mais, demande Léandre à Cassandre, en cherchant à se remettre de tous les accidents qui lui surviennent, où est donc ma promise ?.. Je serais bien aise de la voir.

Cassandre lui pousse le coude avec intention, comme pour lui dire: heureux mortel!.. et lui désigne Colombine, qui a toujours le dos tourné, et fait des agaceries à ses oiseaux.

Léandre se dirige vers la jeune fille et exécute plusieurs révérences ridicules. Ses compliments sont fort mal reçus.

Mais les imbéciles croient toujours qu'on les adore à première vue : il tire donc complaisamment de la poche de son habit un bouquet qu'il offre à Colombine.

La jeune fille hésite à le prendre: elle se décide pourtant à l'accepter sur un geste impérieux de son tuteur.

Colombine froisse bientôt le bouquet sans être vue, et le jette avec mauvaise humeur sur la cheminée.

Aussitôt Cassandre, prenant à part le futur, et montrant le domestique qu'il rapporte du Brésil, demande à Léandre, s'il ne lui conviendrait pas de l'échanger contre Pierrot dont il veut se défaire à tout prix.

Ton valet a l'air intelligent ajoute-t-il, le mien est un paresseux est un brise-tout qui me fait damner! D'ailleurs tu m'as promis que tu me ramenerais des colonies un petit nègre pour soigner mes chiens, mes chats, mes perroquets et ma perruche...

Soyez tranquille, réplique Léandre, je vous rapporte mieux que cela... vous verrez!.. je ne vous dis que ça...

Enfin quoi?

Un peu de patience... vous verrez... c'est mon secret.

Ah ça! interrompt Cassandre, ce cher ami doit avoir un appétit féroce : il vient de si loin!.. Si nous déjeunions!..

Très volontiers! répond Léandre. Je n'ambitionne qu'une faveur, c'est celle d'être placé à côté de ma jolie prétendue.

Je n'ai pas faim, indique Colombine.

Quoiqu'il en soit, Cassandre ordonne à Pierrot d'avoir à s'occuper promptement du repas.

Quant à Colombine, elle sort furtivement par le fond, pour ne pas rester en tête à tête avec ce vilain monsieur qui lui déplait tant.

Sur ce, Cassandre malmène Pierrot, qui ne se presse guère, et lui ordonne de passer devant lui.

A peine Léandre est-il seul qu'il fait un signe mystérieux à son domestique. Il lui livre une petite clé à l'aide de laquelle le valet va ouvrir la caisse nº 4. — *Faux-cols.*

Ah! dit Léandre au public, après avoir fermé avec soin la porte du fond :

Monsieur Cassandre aime les curiosités. Je ne l'ai pas oublié dans le cours de mes voyages; quelle surprise je lui ménage!. quel cadeau je vais lui faire!. Il sera difficile s'il n'est pas content!..

Sur ce jeu de scène, le domestique a ouvert le coffre dont il s'éloigne aussitôt.

Il en sort lentement un grand singe qui baille et s'étire complaisamment sur lui-même.

Biribi ! s'écrie Léandre, en s'emparant d'une badine, allons! vite!.. ici ! Biribi !..

D'un bond, le singe est sorti du coffre, et grimpe déjà sur les chaises et sur les meubles.

Allons ! ne perdons pas de temps, dit Léandre à son domestique, et il force l'orang-outang à s'asseoir sur un fauteuil qu'il a placé au milieu du théâtre.

Le valet revient porteur d'une grande paire de bottes à l'écuyère qu'il a tirée du coffre, et il se met en devoir, aidé de Léandre, de les passer dans les jambes du singe qui regimbe et se démène comme un beau diable.

Cela fait, le domestique va chercher dans le coffre une livrée de domestique.

On en affuble péniblement Biribi, on le coiffe d'un chapeau.

La toilette faite, le singe commence ses évolutions comiques.

N'est-ce pas qu'il est bien dressé? dit Léandre à son valet. Et sagace ! et déluré !.. c'est un singe comme on en voit peu, c'est un singe comme on voit guère, c'est un singe comme on n'en voit pas !

A preuve :

Léandre le fait saluer comme un domestique bien appris.

Il lui pose une serviette sur le bras.

Léandre prend une cravate blanche brodée, et ordonne au singe de la lui mettre.

Biribi exécute l'ordre, et tire si bien la cravate, en voulant la nouer autour du cou de son maître, que les deux bouts se déchirent et restent dans les pattes de l'animal.

Léandre ne se déconcerte pas. Il abandonne sa montre à Biribi ; celui-ci la monte d'abord avec une certaine précision, puis tout à coup on entend un craquement épouvantable dans la montre. Biribi en a cassé le grand ressort !..

Léandre est un peu désappointé, mais bah ! pense-t-il, c'est une éducation à compléter, il y a de l'étoffe!...

Où pourrais-je bien cacher Biribi, dit Léandre, en attendant que je le présente officiellement à ce cher Cassandre.

Entendant le bruit de quelques pas dans l'antichambre, Léandre prend vivement, dans le coffre, un immense faux-col en forme de guillotine, il le passe au cou de Biribi, et attache le singe par les galons du faux-col à la persienne de la croisée de droite.

Voyons, tenez-vous là, immobile, la tête haute, dans la position du soldat sans armes.

Cela fait, Léandre tire aussitôt le rideau sur Biribi.

Arrivent du fond Cassandre et Colombine, suivis de Pierrot.

Ce dernier tient à la main un saladier plein de crême qu'il bat et fait mousser.

Cassandre annonce à Léandre que le couvert est dressé dans la pièce voisine, et qu'il ne leur reste plus qu'à aller se mettre à table.

Léandre offre avec courtoisie le bras à Colombine, qui retire aussitôt le sien.

Elle se résigne pourtant à le prendre sur un geste d'autorité de son tuteur, mais elle y met beaucoup de mauvaise grâce.

Quant à Pierrot, il fait signe à Cassandre qu'il va confectionner avec sa crême une charlotte russe soignée. Il ira la lui porter au dessert.

En montrant sa crême au bonhomme, il trouve moyen de lui enfoncer le nez dedans; mais c'est un détail oiseux pour Pierrot qui n'en fait jamais d'autres.

Cassandre sort en éternuant et en se mouchant beaucoup.

Et le domestique de Léandre, qui se trouve au fond, une serviette sous le bras, suit la compagnie dans la salle à manger, pour faire le service à table.

Pierrot, demeuré seul, fouette sa crême à plaisir. Il la

goûte même à pleines cuillerées. Elle a un petit goût de *revenez-y* qui est cause, — ma parole ! — qu'il en avale presque la moitié. — C'est son idée, je la respecte.

L'orang-outang, qui entr'ouvre, de temps à autre, le rideau de la croisée, regarde faire Pierrot.

Pierrot va chercher à un petit buffet qui se trouve au fond, la cave de liqueurs ; de plus, une assiettée de biscuits longs pour confectionner sa charlotte russe.

Comme à tout prendre, Pierrot est bon diable, il offre aussi les prémices de son dessert a l'épagneul qui se promène dans le salon comme un chien savant (car je dois rendre ici cette justice à Mlle Mirza, qu'elle a joué son rôle à ravir). La câline perruche n'est pas oubliée non plus par Pierrot. Il a pour elle des attentions exquises. Je l'entends qui lui demande d'une petite voix de flageolet : « *As-tu déjeuné, cocotte ? Et de quoi ?* »

Et son aimable interlocutrice de lui répondre :

« *Du sucre et du macaron pour le petit coco mignon.* »

Cet échange de politesses m'a vivement touché.

Après avoir un peu pensé aux autres, Pierrot s'occupe beaucoup de lui, et il opère une tranchée profonde dans la cave à liqueur de son maître.

Il prend quelques bonnes lampées :

de cognac,
de rhum,
ou de kirsch.

Et admirez sa haute philosophie, à mesure qu'il fait le vide dans les fioles, il a une carafe d'eau sous la main qui comble toutes les lacunes. O éternelle histoire des maîtres floués par les domestiques !..

Arlequin, qui veille toujours aux environs, pour glisser de doux propos à Colombine, arrive, en sautillant avec des légèretés d'écureuil.

A-t-il été mis au courant de ce qui se passe ? je l'ignore. Toujours est-il qu'il vient, en tapinois, s'approprier le bouquet que Léandre a offert à Colombine. Il s'en pare complaisamment. Ces fleurs n'ont de prix pour lui que parce que la chère enfant les a touchées.

Blotti derrière un fauteuil, il taquine légèrement Pierrot de sa batte.

Pierrot s'en prend au chien et lui enjoint d'avoir à le laisser tranquille.

Arlequin, en se retirant, fait de nouvelles malices à Pierrot. Méprise comique de celui-ci qui empoigne l'épagneul par l'échine et le jette gravement dans un fauteuil.

Dès que Pierrot a terminé ses libations, il s'aperçoit que l'appartement de monsieur est assez en désordre. La robe de chambre est par ci, la perruque est par là. — Le plumeau en main, il remet chaque chose à sa place. Il campe cependant la perruque sur la carafe, mais il est fondé à croire que la perruque de son maître doit être d'une excessive propreté.

Je ne sais comment il trouve, par hasard, dans un coin, la brosse et le pinceau à cirage. Il profite de la circonstance pour donner un léger coup de fion aux bottes de Cassandre. — Alors on sonne dans la salle à manger.

Mais Pierrot, sans s'émouvoir, se mire dans la chaussure de son maître.

Le grelot de la sonnette bavarde encore.

Il reste sur place avec un sang froid d'Irlandais.

Enfin un tel carrillon se fait entendre qu'il disparait vivement de la scène, laissant sur une table, sa charlotte russe, ses fioles débouchées, et les bottes de son maître au beau milieu de la place.

Aussitôt Biribi qui, par une vive secousse, a brisé les galons du faux-col qui le retenait captif, exécute quelques cabrioles et se trouve d'un saut, à l'autre bout du théâtre.

Il va, vient, gambade, goûte la crême comme Pierrot.

Croque un biscuit comme Pierrot.

Il prend les fioles de liqueur, avale successivement une gorgée à chacune d'elles, et cela fait, la tête échauffée,

Biribi s'empare, comme Pierrot, d'une des bottes laissées sur le théâtre.

Au lieu de la cirer avec du cirage, l'orang-outang cire la botte avec du fromage à la crême.

Puis il met le cirage dans la charlotte russe, toujours avec les mêmes gestes que Pierrot.

Tout cela c'est peu.

Biribi apercevant l'épagneul et la perruche de Cassandre, joue avec eux et les harcèle.

Le singe berce l'épagneul dans ses bras comme un nourrisson. Mais un bruit dans la coulisse lui donne l'éveil, il glisse promptement l'épagneul sous le coussin du fauteuil du premier plan, et engloutit la perruche au fond d'une des bottes de Cassandre, puis faisant le moulinet avec cette botte, il la jette au loin, et va se blottir, en gambadant, derrière l'un des rideaux de la croisée.

C'est Pierrot qui rentre.

Jugez de sa stupéfaction quand il voit l'une des bottes de son maître devenue toute blanche et son fromage à la crême devenu tout noir.

L'incident passe son intellecte.

Il soupçonne Arlequin d'avoir fait le coup.

Pierrot revenait chercher son dessert; son maître l'attend, comment va-t-il faire? Il est pris d'une sueur froide, et en tombant dans un fauteuil, sa main rencontre la cave de liqueurs.

Par humanité pour sa chère personne, pour se faire revenir à lui, Pierrot s'administre un cordial, en buvant à même la fiole.

Le cordial produit son effet, Pierrot rouvre l'œil en boule de loto!..

Certain d'être grondé, honni, vilipendé, Pierrot cherche alors à s'étourdir. Donc, il se verse un petit verre de la liqueur la plus fine.

Arlequin qui, comme la triple hécate de Fable, se trouve

partout dans la maison, à la fois à la cave, au grenier et dans l'antichambre, survient à point, — la fine mouche, — pour escamoter, à son profit, la délectable liqueur versée par Pierrot

Désappointement de Pierrot qui porte le verre à ses lèvres.

Alors, que fait Pierrot?

Il se verse en même temps deux petits verres; il en met un à droite, l'autre à gauche. Les deux verres se trouvent ainsi à chacune des extrémités de la table.

Pendant qu'Arlequin boit celui de gauche, Biribi soulevant le rideau, qui le dérobe à tous les yeux, avale, par imitation, celui de droite.

La pantomime s'exécute sans qu'aucun des personnages s'aperçoive.

Mobilité cocasse de la physionomie de Pierrot qui se demande, de bonne foi, s'il dort ou s'il veille?

Un coup de batte, qui lui tombe sur l'échine, vient pourtant le tirer de sa rêverie. Il reconnaît Arlequin qui se sauve en tourbillonnant.

Pierrot se dispose à le poursuivre, mais il se trouve aussitôt en face de Cassandre, qui arrive furieux. — Léandre et Colombine accompagnent le bonhomme et cherchent à l'apaiser.

Cassandre demande à Pierrot pourquoi il ne lui apporte ni sa charlotte russe, ni ses liqueurs?

C'est inutile, fait Léandre, nous avons parfaitement déjeûné.....

Non! reprend Cassandre, c'est un gredin, qu'il s'explique.

Pierrot, avec un regard de victime innocente et persécutée, montre alors à son maître la crème noire, les biscuits gâchés et les carafons vides!

Il faut voir comme Cassandre s'exaspère.

Pierrot accuse Arlequin de méfait, mais aussitôt Colombine le justifie.

Et chacun jette la pierre à Pierrot.

Allons! fait Cassandre au pauvre diable, je sais que tu es

un gueux, un menteur, un fourbe et un gourmand... à la première incartade, je te romprai les os, et puis après, j'en jetterai les morceaux dehors! mais bref, il faut que je sorte... donne-moi mes bottes?...

Pierrot prend la botte, graissée de blanc, et la cache aussitôt. Il donne l'autre botte à son maître.

Cassandre se place devant un fauteuil et chausse par les tirants la botte qu'il se passe dans le pied.

Au même moment, deux cris plaintifs se font entendre : Cassandre, en s'enfonçant dans le coussin du fauteuil, et en mettant sa botte, a, d'un seul coup, étouffé l'épagneul et écrasé la perruche.

Pierrot, tremblant comme la feuille, tire avec effroi Azor de dessous le coussin, pendant que Cassandre dégage la perruche de la botte.

Les deux animaux sont aplatis à faire peur!

Pierrot cherche à humecter de quelques gouttes d'eau-de-vie le gosier du malheureux épagneul — fol espoir!...

Cassandre presse Azor sur son cœur et le couvre envain de baisers!...

Pendant que cette scène se passe sur le premier plan, et que Léandre s'empresse autour de Cassandre qui défaille, Arlequin a reparu au fond pour glisser un billet d'amour à Colombine.

Ah!... s'écrie Pierrot, en désignant l'amoureux, c'est lui qui est cause de toutes les infortunes qui nous arrivent.

Arlequin file au dehors comme une flèche. Il est poursuivi par Léandre. Quant à Cassandre, il est au paroxisme du courroux. Il brandit un rotin qui lui casse dans les doigts, mais il prévient Pierrot qu'il va chercher un gourdin pour le rosser comme il le mérite! Là-dessus, il l'enferme à double tour.

Pierrot connaît la trique que Cassandre va rapporter, et il prévoit qu'on va exécuter sur ses épaules une bastonnade dans toutes les règles

Dans cette triste conjoncture, il lui vient une idée lumineuse :

Si je déguerpissais!...

Et le voilà qui entr'ouvre l'un des rideaux de la croisée; le singe se blottit vivement derrière l'autre rideau.

Au moment de s'élancer, Pierrot s'aperçoit que son idée est malsaine : on est au troisième étage. Indubitablement, il se casserait quelque chose.

En nouant ces deux rideaux de croisée, se dit-il, aussitôt, je peux risquer l'ascension!

Mais avec mes habits, on me reconnaîtra. Cassandre donnera mon signalement et me fera arrêter.

Eh! s'écrie-t-il, soudainement, en désignant l'un des coffres de Léandre, celui qu'il a presque brisé dans les premières scènes :

Si je me déguisais!...

Aussitôt dit, aussitôt fait. Pierrot ôte vivement son costume qu'il jette à l'aventure dans la chambre, et il se met à revêtir les beaux habits de Léandre.

Le singe, qui voit faire Pierrot, ramasse ses vêtements, et, de l'autre côté du théâtre, l'imite de tous points, c'est-à-dire qu'il endosse, pièce par pièce, le costume de Pierrot.

Pierrot s'affuble alors du grand faux-col qui a servi de lien à Biribi ; il cache son serre-tête noir sous la perruque de Cassandre, si bien qu'en se mirant dans la glace, il a toutes les peines du monde à se reconnaître.

Tout-à-coup, en face de cette glace, Pierrot étouffe un cri de stupeur, et pâlirait s'il en était capable.

Il vient d'apercevoir le singe habillé de sa défroque.

L'effroi gagne Pierrot, poursuivi par l'orang-outang. Il jette dans les jambes de Biribi tout ce qui lui tombe sous la main ; les chaises, le tapis du guéridon, les brosses, les balais, le plumeau, le guéridon lui-même, et il va se blottir tout tremblant derrière la table, pendant que le singe se pose et s'étale, les jambes en l'air, sur un fauteuil du premier plan, à gauche.

Sur ces entrefaites, Cassandre arrive doucement avec un bâton noueux, et tombe, par derrière, à bras raccourcis, sur le faux Pierrot qu'il prend pour Pierrot lui-même.

Biribi, arrache sans plus de cérémonie, le gourdin des mains de Cassandre, et se met en devoir d'administrer au bonhomme une volée solide.

Cassandre s'abîme alors dans un des cartons de voyage qu'il défonce, et dont il ne peut plus se retirer.

Le singe est comme pris d'un accès de folie furieuse; les deux premiers personnages qui entrent, n'échappent pas à ses atteintes.

C'est d'abord Léandre, puis son domestique.

Colombine, qui arrive en scène sans se douter de tout ce qui se passe, pousse un cri perçant et se jette, effrayée, dans un coin du théâtre, à gauche.

Stupéfaction de tous, en voyant l'orang-outang travesti en Pierrot.

La terreur est à son comble dans l'appartement, quand paraît Arlequin sur le seuil de la porte au fond.

Il engage un agile combat avec Biribi, qui tient le milieu du théâtre; il le désarme, le terrasse, et, victorieux, il tend la main au pauvre Cassandre qu'il retire, plus mort que vif, des profondeurs du carton où il restait englouti.

Cassandre, en descendant la scène, trouve en face de lui Pierrot à genoux, défait et bouleversé dans les habits de Léandre.

Aussitôt une nuée de bonnets de coton s'éparpille sur toute la scène. Biribi, redevenu libre, a ouvert, au fond, le tiroir d'une commode, et fait un affreux fouillis de tout le linge qu'il y trouve.

Mais enfin qui donc, demande Cassandre, hors de lui, qui donc m'a amené ici cette vilaine bête?..

Mais c'est moi, répond Léandre, en s'avançant avec aisance.

Comment! c'est toi!..

— C'est moi! ajoute Léandre avec un niais sourire, et en faisant le joli-cœur.

— Et tu oses me l'avouer en face? et tu veux, après cela, que je te donne ma pupille?.. Va-t-en, toi, et ton singe... et que je n'entende jamais parler de vous.

Léandre veut fournir des explications; mais ni Cassandre ni Pierrot ne lui en laissent le temps.

Pendant que Cassandre lui applique un vigoureux coup de pied à l'endroit où le dos change de nom, Pierrot opère par la porte et par la fenêtre, le déménagement des caisses de Léandre. Il le fait même disparaître de scène au milieu des malles, colis, bagages, etc.

C'est plaisir à voir comme Pierrot pourchasse Léandre et son domestique, jusque dans la coulisse, à coups de valises et de paquets.

En revenant en scène, Pierrot se trouve en face de Biribi, qui cabriole toujours d'un meuble à l'autre, il le prend d'une main vigoureuse par le train de derrière, le balance dans l'espace et le fait disparaître par la fenêtre!..

Cassandre ouvre alors les bras à Pierrot. Celui-ci, en s'y précipitant, coiffe Cassandre d'un des vastes bonnets de coton qu'il vient de ramasser sur le parquet, et il le lui enfonce jusque sur le menton.

Après cette drolatique accolade, Pierrot étend les bras, en signe de bénédiction, sur Arlequin-libérateur, et sur la belle Colombine.

Car tous deux, amoureusement groupés au premier plan, se promettent, à mi-voix, d'entreprendre, dès l'hyménée, l'ineffable voyage de Cythère.

Et, sur ce tableau final, le public a bien le droit de demander à l'auteur s'il ne l'a pas payé, cette fois, *en monnaie de singe.*

www.ingramcontent.com/pod-product-compliance
Lightning Source LLC
La Vergne TN
LVHW021529140926
848035LV00047B/1263
* 9 7 8 2 3 2 9 3 6 4 7 5 9 *